ダーリン・イン・ザ・フランキス
DARLING in the FRANXX
JUMP COMICS+
001
漫画/矢吹健太朗
原作/Code:000

001

contents

比翼《ひよく》の鳥…と言うらしい
その鳥は片方の翼しか持たず
雄《おす》と雌《めす》 つがいで寄りそわなければ空を飛べない
不完全な生き物
でも なぜだろう
私はそんな生命《いのち》の在り方を
美しいと思ってしまったのだ
美しいと
感じてしまったのだ——…
第1話

第1話

人類が成功した超深度掘削《くっさく》により
採掘された「マグマ燃料」
並外れたエネルギー効率と
引き換えの
地殻変動・環境破壊により
地表は荒廃
やがて人類は
緑が失われた大地に
「巨大移動要塞都市《プランテーション》」を建設し
文明を謳歌《おうか》していた

しかし
突如として現れ
次々に都市を
襲撃し始めた
謎の巨大生命体
『叫竜《きょりゅう》』
天才科学者集団
APE《エイプ》は 叫竜《きょりゅう》に
対抗すべく
人型ロボット兵器
『FRANXX《フランクス》』
を開発
そしてそれに乗り込み
人類を守る使命を
与えられたのは――……

ゴオオオ
…お風呂に入りたいな
…またか
少しはガマンしろ
すん…
ねぇ
ボクってどんな匂い？

ヒュー…
ヒュー…
寝かしといてやれ
前の戦闘で
消耗しとる
…まったく
燃費の悪い
娘だ…

博士
まもなく13都市に着陸します
ベルトを…
うむ
あなたもね
ペロ…
……
自分の味は
嫌いだな…

ゴオオオオオ
きれいな海で泳ぎたいな——
13都市に海は無いの?
残念ながら海は無いわね
シャワーじゃダメなの?
…泳ぎたい気分なんだ
……

輸送機…？
キイィ…ン
ビクッ
ヒロ！
こんな所にいた
イチゴ…
このサボリ魔

説明会に来ないなんてどういうつもり？
明日は入隊式なんだよ
……
ホラ 髪整えて
じ…自分でやるよ！
……
ヒロは特例で在留許可がでたんでしょ
ナオミの事は確かに残念だったけど——
自信持ってここにいていいんだから
意地張らない！

「パパ」達が期待してるのは成績の良かった昔のコード016だ
能力を失った今の俺が残っても
なんの役にも立てないよ
…ごめん
イチゴ……
ダッ
ヒロ!!

015
016
056
326
ヒロ…
本当の呼び名は
CODE:016
物心ついた頃から
僕達「コドモ」には
番号がつけられ
育成所《ガーデン》で育てられた
555
それは才能あふれる
操縦者《パラサイト》育成のための施設
男女一組で
動かすことのできる
兵器――
"FRANXX《フランクス》"で
人類を…「オトナ」達を
護《まも》るために叫竜《きょりゅう》と戦う
それが僕達「コドモ」の
生まれ持った使命

そして……
ポジティブパルス能力値減少
タイムアウトしました
第6次接続開始
ネガティブパルスを確認
ポジティブパルス待機中――
3
2
1
タイムアウトしました
ヒロ…
ナオミ…

……
コード703 コード016…
落第だ
それに値しないコドモは
無価値

全く…輸送機のシートは年寄りにはカタすぎる
帰りは別の方法にならんか
ガマンしてください
あのコの巨体を運べる手段は限られてるんですから
お前とは久しぶりじゃが相変わらず固いのぉ
その性格もシートも
ムニィ
このくらいやわらかいといいんじゃが
……ッ
もうっ博士っ

ハチは元気か？
彼には入隊式の準備とコドモ達の管理を進めてもらっています
何しろ今回の機体は初めての試みですから
ふむ
でも博士
ここにきてなぜこんなテストケースを？
それもこんな急造チームで…

思うところがあってな
年寄りの気まぐれだよ
APE《エイプ》のジジイ共には理解できん事かも知れんが…
何か考えがあっての事なんですね…
……
ところで
いいのか？ナナよ
え？
問題児の姿が見当たらんようだが
え〜〜〜っ!!?

うそっ
さっきまで
ここに……
♪
くそっ
あいつ
また…!!

それがさァ
その女にはツノと牙が生えてて
一緒に乗った操縦者《パラサイト》は血を吸われて！
パートナー殺し？
3回目で必ず命を落とすんだってよ!!

乗りたくね〜〜〜
CODE:214 (フトシ)
うへ〜〜〜
そんなの ただのウワサでしょ〜〜?
CODE:390 (ミク)
ホントだって!
警備の人が話してるの聞いたヤツがいるんだよ
CODE:666 (ゾロメ)
……
CODE:196 (イクノ)
イチゴ

ヒロ捕まったか？
CODE:056
(ゴロー)
ダメ…
何回も連絡してるんだけど
CODE 016
なーなー結局あいつってここに残んの？
今日の説明会にも出席しなかったし…
これって拒否するって事だよね

あのヒロくんが…なんかさみしいね
小さい頃から私達のリーダーだったのに…
CODE:556
(ココロ)
でもそうじゃないと巻き添えくったナオミの立ち場がないよね
潔いじゃないですか
ヒロも皆に顔を合わせづらいのでしょうし
気持ちを汲んであげましょうよ
CODE:326
(ミツル)
わざとらし
…いいのかイチゴ
……

…あのバカ
CODE:015
（イチゴ）
昔本で読んだ
その鳥は
雄《おす》と雌《めす》で
寄り添わなければ
空さえ飛べない
哀れな生き物
…比翼《ひよく》の鳥…
と言うらしい
きっとその片割れを
見つけるまでは
木々の間に
身を隠し

いつの日にか
大空に羽ばたく夢を
見るのだろう
バシッ
!
チ…
…血?
チィィィ

チイイイ
チー…!!
おい
ガサ
ガサガサ
…じゃあ

飛べなくなった鳥は
どこへ行くんだ
ガサガサ
ベキ
…生きてる
操縦者施設《ミストルティン》にこんな所があったんだ…

これは…
操縦者《パラサイト》…？でも俺達の制服と違う…
チャプン
…人だ

チャプ…
………
かああ…
って…ダメだダメだ!!
女性じゃないかっ…

……
……？
ブク ブク…
ちょ…
まさか!!
キミッ!!!

ザバッ
わ
あ
あ

金縛りにあった
ようだった

艶《なま》めかしく生えた2本のツノと
初めて見た女性の裸に戸惑いつつも
僕は彼女から目を離すことができなかった
チャプン!!

……
っん
はっ
ははっ…
バシャ
なーんだ
死んでるのかと
思った
バシャ
ハダカッ

き…
君は操縦者《パラサイト》!?
なんでこんな所で水浴びを…
ペロ
……
おかしい…
海の水はしょっぱいって聞いたのに
へっ
これ…海じゃないけど…
わかってるよそんな事
でもボクが知ってる中では一番海っぽい所だな

キミは泳がないの？
えっ俺？
…俺はいいよ
ふーん
気持ちいいのに
じっと見てるから泳ぎたいのかと思った
そっ それは！君が溺れてるのかと思って…
だから
助けよう…と…
わ…悪いけど服着てくれないかっ！
！……

ああ！わかった
キミは「えっちな人」だ！
へっ
な！なんで…
うわぁあぁあっ
ちっ
ちがうっ!!
ばっ

ぷ
あははははっ
くっくっ
くっ
……
その表情《カオ》おもしろい～～
…でも助けようとしてくれたんだ

礼を言うよ
ありがと
その制服…キミも操縦者《パラサイト》？
違うよ
乗らないんだ？

乗れないんだよ
俺……
そのせいで
ナオミ…
パートナーにも
迷惑をかけた
ポチャン
もう…
13都市《ココ》に俺の
居場所は無いんだ…
なーんだ
じゃあボクと
おんなじだ

ボクもいつも一人だよ
この…ツノのせいでね
カチン…
居場所なんて自分で作るもんさ
パートナーなんてまた作ればいい
作れなかったら——……
奪えっ!!!
わっ

ペロッ
わぁあっ
…へぇ
ドキドキする味だ
ピリピリしてどこかひっかかる
キケンな味……

な…何を…
ぱた…
それとも
キスがよかった？
キ…ス…？
そっか・・・キミ達は知らないんだっけ…
ト・ク・ベ・ツなことだよ…
・・・・・・!!

…ボク キミに興味あるかも
ボクのダーリンにならない？
ダーリン…？ それってパートナーのこと…？
キミの能力はたぶんまだ眠ってるだけだよ
ボクなら引き出してあげられる

キミはボクのツノを見ても怖がらなかったね
気に入ったよ
……
…残念
!?
ザッ
時間切れだ

…捜したぞ
なぜいつも勝手にいなくなる
どーせ明日の入隊式が始まるまではヒマだよ
パートナーの俺が迷惑するんだ!
パートナー?
君は…操縦者《パラサイト》候補生か

明日は入隊式だろう
こいつが邪魔して悪かったな
あ…
この女には近付かない方がいい
あのっ
君に忠告しておく
こいつは誰もが扱えるような〝雌式《ビスティル》〟じゃない

待って!!
君の…
君の名前は!?
……名前?
ボク達操縦者《パラサイト》に名前なんてある?
…でも…そうだな…
コード002
みんなはボクの事〝ゼロツー〟って呼んでる

さっさと歩け！
パートナーがいない事をからかわれたショックよりも
おまえには操縦者施設《ミストルテイン》から保護要請が出ている!!
まだ心のどこかでそんなものに期待している自分がいたことが
惨《みじ》めで…恥ずかしかった

わかっていた
ハッ
わかっていたんだ
どうした!?
急に止まるな!!
飛べない鳥に
行く所なんて
…ない
ゴオオオオオオオ

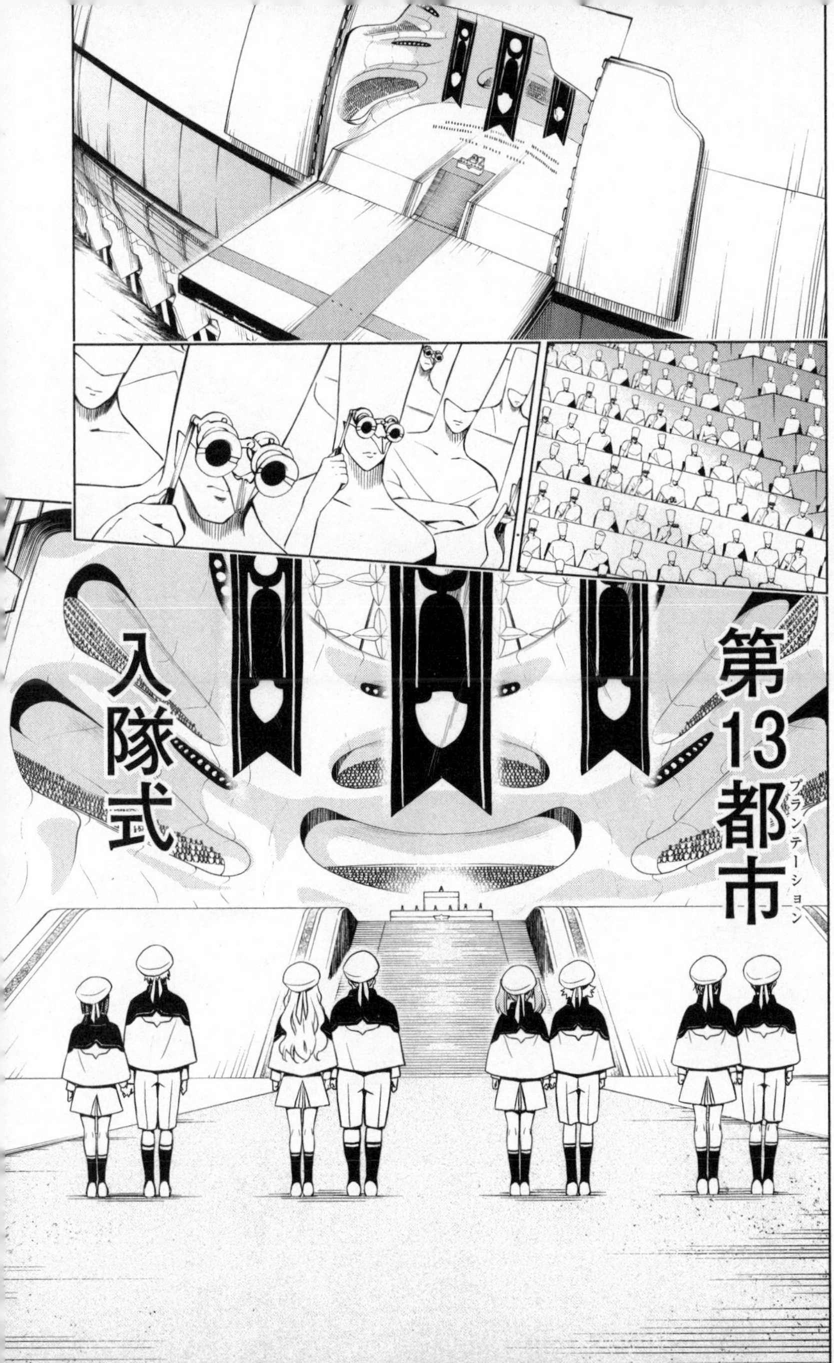
第13都市《プランテーション》
入隊式

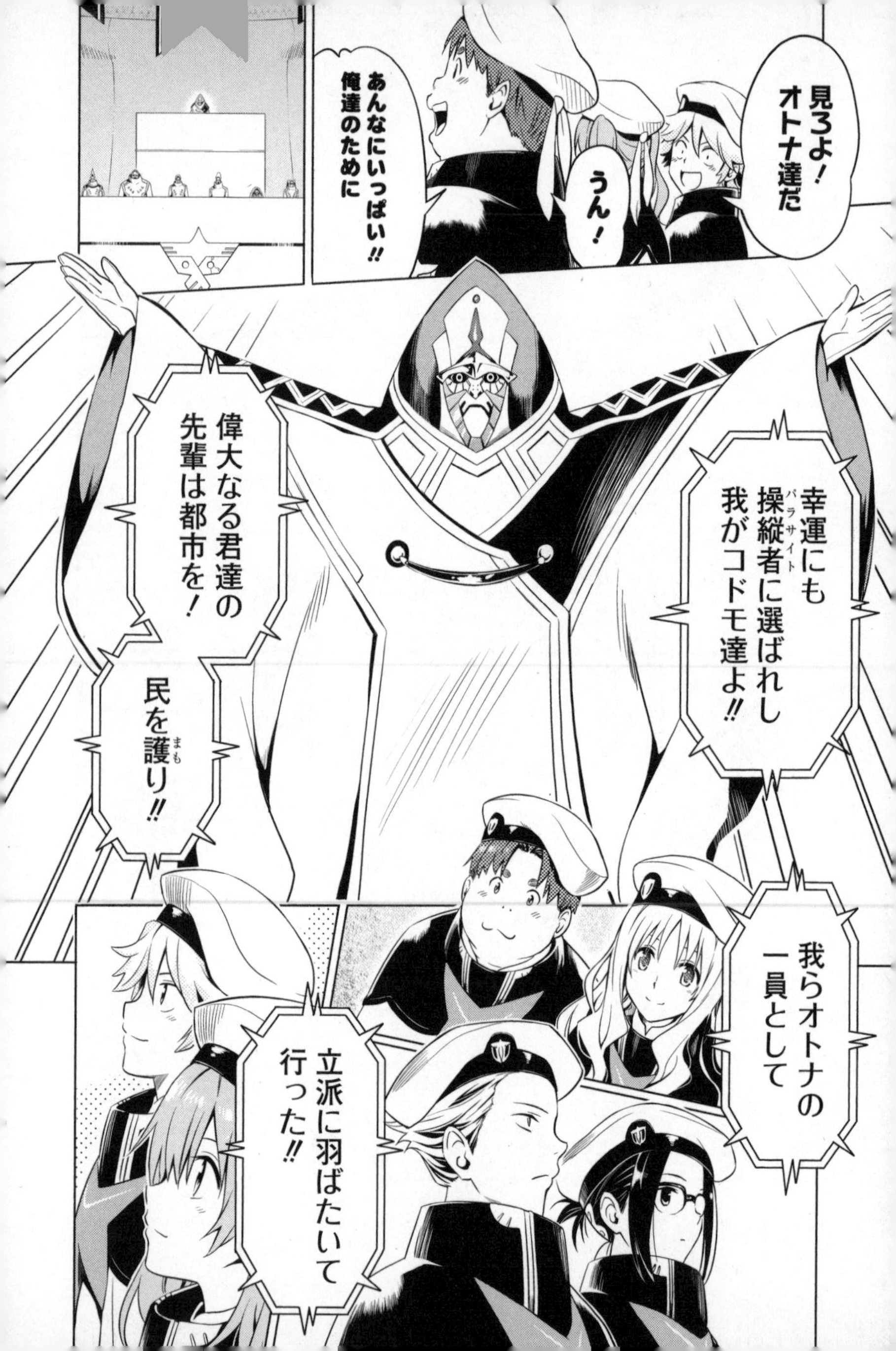
見ろよ！オトナ達だ
うん！
あんなにいっぱい!!俺達のために
幸運にも操縦者《パラサイト》に選ばれしコドモ達よ!!
偉大なる君達の先輩は都市を！
民を護《まも》り!!
我らオトナの一員として
立派に羽ばたいて行った!!

諸君も命を賭して
鋼鉄の巨人と化し
襲い来る〝叫竜《きょりゅう》〟より
護れ!!
命を燃やせ!!
四肢五体あます
ことなく その血
最後の一滴まで
全ては
人類の
ために!!!

イチゴ！
式に集中しろ
パパ達が見てるぞ
コード016
コード703
お前達は これより 育成所《ガーデン》に送還される
ゴウン
ゴウン
ゴウン
ゴウン
ゴウン
次のプラント船 到着まで ここで待機しろ

……
ヒロだけでも残ればよかったのに
703
もしかして私に遠慮してる?
違うよナオミ
俺がいても何か役に立てるワケじゃないし
…ヒロっていつもそんな感じだったよね
それって逃げてるだけだよ
パートナーからも…自分からも

見てきたでしょ…
育成所《ガーデン》で消えていった
仲間達を……
私達だって…
いつ ああなるか
わかんないんだよ!?
ナオミ…
カッコつけ
ないでよっ!!
ゴトッ
贔屓《ひいき》でも
なんでも……
都市《ここ》に残れるだけ
いいじゃない!!

せっかくここまで来たんだもの…！
私だったら死んでも居続けてやる…!!
……
おい私語を慎め！
…
なんで…
なんであなたが私のパートナーだったのよぉ…
ううっ
ゴゥン
ゴゥッ
う…

ヒロのヤツ やっぱり 来なかったなぁ
けっ
ほっとけよ あんな 泣き虫ヤロー
ヒロくんと ナオミちゃん…
多分 あの船 育成所《ガーデン》には 戻らないよ
出戻りの 操縦者《パラサイト》なんて 聞いた事ない
無事に 戻れるといいよね

準備はできてるな
ハチさん！
ここからが本番だ
はい!!

さぁ乗れ！
ゴオオオ
カツッ
!?
じゃあヒロも元気で
もう会う事もないだろうけど…
え？なんで…
俺も――
私は多分もう
ダメだけどさ
703

ヒロにはまだ可能性あるんだから
私に気を遣う必要なんてないんだよ
待って！
ナオ――…
な…何を
わっ

私にはもう必要ない物だから
それは皆で使って
コード703だから…ナオミ
私さ
ヒロがつけてくれたこの名前…けっこう気に入ってるんだよね
…ヒロ
いいパートナー…
見つけて…ね…

ナオミッ!!
よせ!! 後発のプラント船でも間に合う!!
プシュ――……
…ナオミ
…ッ
俺は…
ゴォォォオ

オオオオ…
叫竜《きょりゅう》の匂いだ…

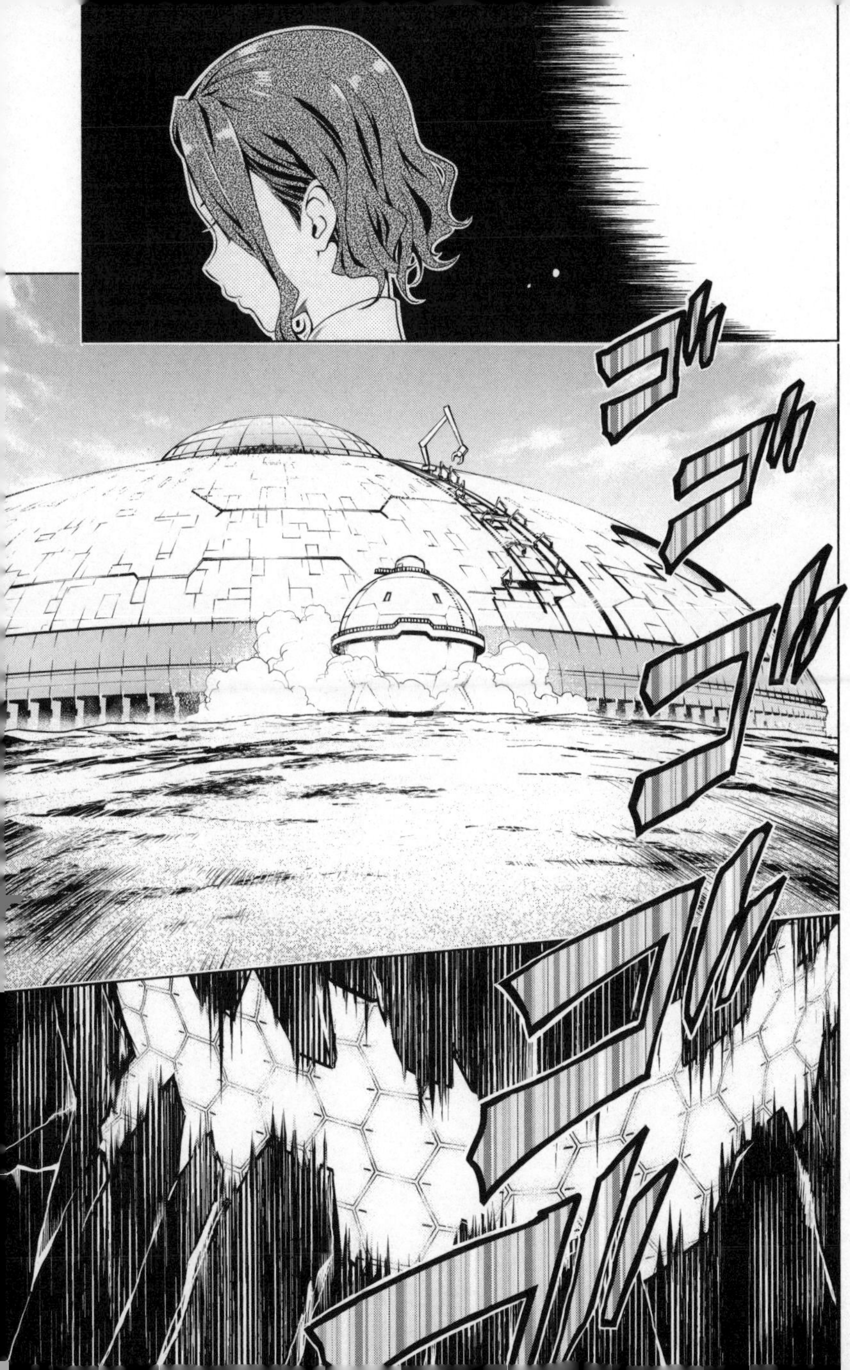
ゴゴゴゴゴ

ダーリン・イン・ザ・フランキス

DARLING in the FRANXX

第2話

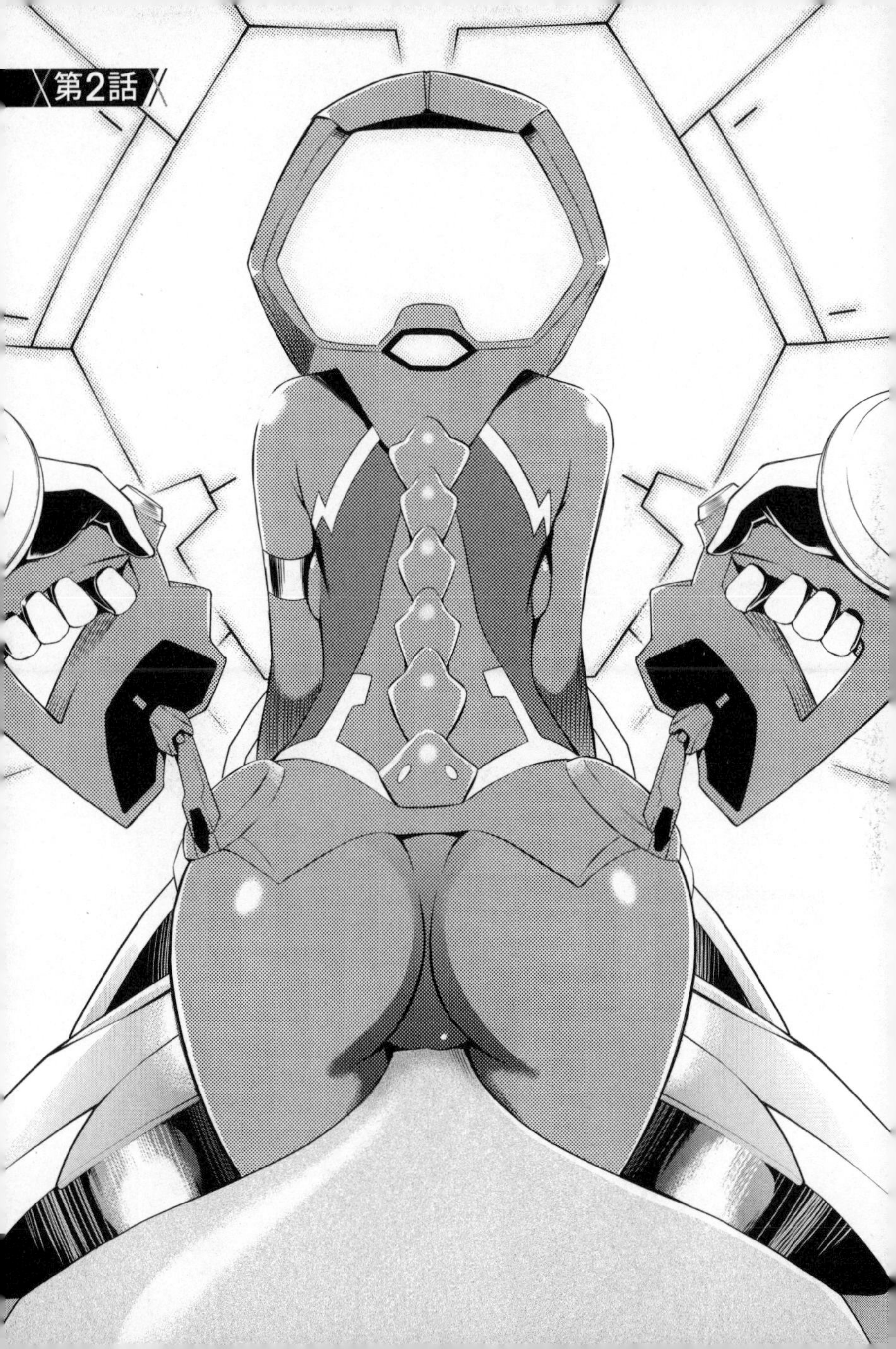

…ヒロっていつも
そんな感じだったよね
それって逃げてる
だけだよ
パートナーからも
…自分からも
……
ぐっ…
ナオミ…!!!

ただいまからFRANXX《フランクス》起動の儀を執り行う
これにより
君達は初めて正式な

操縦者《パラサイト》となる
ウィイイィ
ゴォン
ゴォン
ゴォン

プシュウウウ
次のプラント船が
来たぞ
早く乗れ
……
あの…
やっぱり
俺…!!
!!?

ゲート展開中止！
…なんだ？
…この振動……
…博士
むぅ…
マズいぞ
霧が出てきおった

…!?
あれは!!?
ナオミのプラント船の向こう――……
あんな物…さっきまで無かった!!
ピキ
ピキ
ピキ

ズン
ナオミ!!
ゴゴォ…

ドドドド
ドドドド
!!
叫竜《きょりゅう》だ!!
迎撃準備!!
あれが

人類の「敵」……!!
叫竜《きょりゅう》……!!!
ガコン
ガコン
ドドッ
わっ

ズッ…
ズッ…
ドッ
ドドッ
ドッ
ズドッ
ズドッ
ズン
ベギギ
わぁぁぁぁ

ドッ
ズッ…
ぐ…っ
ズッ…
あの方向は――!!

くそっ
叫竜《きょりゅう》だ——!!
退避—— 退避しろ——
モホ級か・・・
でかくて強靭《きょうじん》で・・・ 良い面《ツラ》構えだ
のんきなこと言ってないで避難してください!!

各機 操縦者達《パラサイト》を回収して!!
…何が起こっているんだ…?
きゃっ
ミシ
ミシ…
2番ガレージ損傷!!
「デルフィニウム」格納できません!!

ゾクッ
…ッ!?
ズズッ…
イチゴ!!
ゴロー!!
みんな!!!
えっ

ズ
ズズッ…

し…
白い…
叫竜《きょりゅう》…!?

闘ってる…!?
叫竜《きょりゅう》じゃないのか!?
じゃあこいつは——……

ブチブチブチ
ブチッ
ゼロツー…… あのコ…!!
こんな時に 暴走《スタンピード》なんて
……
ズズズ…

醜い姿だ…
また雄式《ステイメン》を喰い潰しよったか
…どちらが化物か わかりませんな

ぐぐ――
ガチッ
バオョッ
変形!?

ズズン…
バキン
キイイイイイ
ザザザ

ガキッ

わっ

…っ
えっ
オオオオ
わあああああ
ドオオン…

今のうちだ！
デルフィニウムを戻せー!!!
ゾォォオオ…
イチゴちゃんゴローくん！
大丈夫か──!?
…叫竜《きょりゅう》は!?

う…
…生きてる…
ドチャ…
ビクッ
あ…
ビク…
う…
あの人…
湖で会った…
し…しっかり!!

そいつはもうダメだ
放っておけ
君は…
ゼロツー!!
はー…
はー…

そ…そんな所で何を……
…何って…
バケモノ退治さ
…行かなきゃ
…ダ…ダメだよ
このFRANXX《フランクス》に……
君が!?
ケガしてる!
どけ邪魔だ!

ポタ
…無茶だよ
それに君は一人じゃないか!
一人じゃFRANXX《フランクス》は動かせないはず!!
ぐぐぐ…
…ボクはいつも一人だよ
いつもそうしてきた
一人には慣れてる…
ダメだ!死んじゃうよ!

…死ぬのなんて怖くないよ
ガコン
そのうちあいつも動き出す
ゴオン
そうなったらどのみち全滅さ
死ぬのは怖くない…
ボクには…
やらなきゃならない事があるんだ…！

じゃ…
ボクは行くよ
…無力だ
今の僕には仲間を助ける事も
叫竜《きょりゅう》に立ち向かう事もかなわない
助けようとしてくれたんだ
ボクもいつも一人だよ

ヒロにはまだ可能性あるんだから――……
ぐっ
待って!!
君を放《ほ》っとけない
一人で行かせられないよ…!!
俺がそのFRANXX《フランクス》に乗るよ!!!
……!

…へぇ
死ぬ覚悟…
…あるの?
わからない…
でも
今のままだったら
俺に居場所なんて
どこにもない
死んでるのと
変わりないんだ
だから!!
俺を
乗せてくれ!!
ふぅん
やっぱりボクと
一緒だ

キミとボクは似ているね…
人間の涙 久しぶりに見た…
その目… 気に入ったよ
ドキドキする…!
さあ
おいで

キミを味合わせて
…今からキミが
ボクの
ダーリンだ!!

キイイイイイ

ヴゥン
ヴゥン!
キイイイイ
カッ

ズゥゥン
ま…また叫竜《きょりゅう》が動き出したぞ!!

ゴオオン
バキ
バキ
喰われた!?
…いや
ガキン
ガシャン

ズズ

ガゴッ

ズズ…ン
すごい…
人型になった!?
あいつ…FRANXX《フランクス》なのか!?

いかにも!!
凹型因子《ネガティブ》と
凸型因子《ポジティブ》
男女の因子が
組み合わさり
心重ねた時
鋼鉄の乙女は
その本当の姿を
映し出す!!!

ガシッ

これぞFRANXX《フランクス》!! 美しい…
最高だ「ストレリチア」!!!

!!
キィィイイイ
また…
さっきの攻撃を…

ガッ

とどめだ
カチッ

ズオンン…
ビリ
ビリー!!
…倒した…

ザァァァ…
ズル…
ゴトッ
あれが…
〝FRANXX《フランクス》〟

アタシ達が乗るロボット…

!!?
ヒロ!?
なんであいつが!?
いや…もう一人…!!

あれって…
ツノ？
触れた唇の感触に
ドサッ
なぜだか胸がドキドキした
でも目覚めた時には
それ以外の事は何も覚えていなかったんだ

…あなた達に紹介しておくわ
APE《エイプ》直属特殊親衛部隊雌式操縦者《ピスティルパラサイト》——

コード002
叫竜《きょりゅう》の血をひく少女よ
あのコが…
パートナー殺し〟…
でも——
自分自身で踏み出した一歩

何かが変わっていく
気がした
もう一度…
空を飛べるかも
しれない
そう信じたい
見つけたよ
ボクの
ダーリン

入隊式の最中に
アタシ達を襲った
「叫竜《きょりゅう》」は
突然現れたFRANXX《フランクス》
「ストレリチア」によって
撃破された
そのコクピットから
出てきたのは
〝三回一緒に乗ると
死ぬ〟
噂のツノの生えた
雌式操縦者《ピスティルパラサイト》
『ゼロツー』
そして
ヒロ…
チチチ…

第3話

どうして
ヒロなの……！

おはよ～ イチゴちゃん
おはよ
ナオミちゃん 助かったってね
うん 病院に 運ばれたって ナナ姉《ねえ》が言ってた
良かった～～～

じゃあ何も覚えてないのか？昨日のこと
…ああ
彼女…ゼロツーとFRANXX《フランクス》に乗り込んだまでは覚えてる
その後の事は……
…そっか
でも…
感覚は残ってる…

ハハッ
まいいさ!
ヒロが あのFRANXX《フランクス》で 叫竜《きょりゅう》を倒したのは 確かなんだ
お前って本番に 強いタイプなのかもな
ゴロー…
ヒロとイチゴ… 数少ない十番台だし 兄妹みたいなもんだろ
056
016
015
ずっと一緒だった俺も含めて 育成所《ガーデン》の特別クラスから 揃ってここに配属されるなんて 奇跡だもんな
戻って来てくれて 俺は嬉しいよ
……
ありがとう ゴロー

けっ!! 俺サマは認めねーぞっ
泣き虫ヤローが俺達より先に叫竜《きょりゅう》を倒したなんてよっ
ゾロメ! フトシ!
おはよ~
聞けばあのゼロツーとかいう雌式《ピスティル》……
一人でもFRANXX《フランクス》を動かせる特殊体質らしいですよ

ゴローも見たでしょう？
あの四つ足の形態…
つまり
ヒロは ただアレに
乗せられていただけ
…という事ですよ
ミツル…
お前ら
何言って…
おいヒロ
気にすんなよ
食堂行こうぜ
……
へ〜〜〜っ
ここが13都市の
コドモ用の
寄宿舎かぁ
やっぱり
他の都市と大して
変わんないん
だね——

あーん
ゼロツー!!
ど…どうして君がここに…

やあやあやあ
ドン
ミ
君の腕前は見せてもらったよ
…
……
俺サマはゾロメ!!
この13部隊最強の雄式《ステイメン》操縦者《パラサイト》さっ
よかったらこの俺サマが君と一緒に乗ってあげよーじゃんか
泣き虫ヤローのヒロなんかよりよっぽど――…
ゴシゴシ
!!?
あぁぁ
俺の一張羅がァアア

はい
こうすると甘くて美味しいよ
トロォ
一緒に食べよ♡
うぷ
え…と
!?
あんなに怪我してたのに
もう治ってる……?
ん?
あ…いいや…

教えて欲しいんだ
あの時…俺はちゃんと乗れてたのかどうか…!!
す…
大丈夫…ちゃんと乗れてた
素敵だったよ
ダーリン♡
カチン

ザワ
ザワ
ダ…ダーリン!? なにそれ…
私も わかんない〜〜
ってオイ! 俺サマを 無視すんな!!
なんか 変わった人だよね〜
ヒトじゃ ないでしょ
ほらぁ
やめなよ
あのコ アタシ達を 助けてくれた人だよ
ムッ
叫竜《きょりゅう》の血を ひいてるって …本当なのかな
それにコード002… ゼロ番台のコードって 存在しないはず だよね

ちゃんと乗れてた…
そうなんだ…
やっぱり俺は——…!!
……
はーい みんな そこまでよ——
ナナさん!
育成所《ガーデン》に引き続きあなた達のお世話係をさせてもらいます
APE《エイプ》本部よりこの第13都市部隊に配属されたナナです!
改めてヨロシクね♬

ヤリィ!!
ナナ姉《ねえ》
なに？イチゴ
・・彼女はここに残るんですか？
ゼロツーについては本部の指示待ちなの…
基本あなた達とは別行動よ
さいらっしゃいゼロツー
なーんだここの方が居心地良さそうだったのに
ちょっ

ゼロツー!!
俺を…もう一度君のFRANXX《フランクス》に乗せてくれ!!!
ヒロ!?
確かめたいんだ!! もう一度——…
…ヒロ
残念だけどそれを決められるのはAPE《エイプ》本部
人類を導く7人の賢人《パパ》達だけよ…
……っ

心配ないよ
ダーリンは
もう決めてるから
ボクのモノ…ってね
ガタッ
ヒロは!!!
誰のモノでもないよ!!
イチゴ!?

あなたが叫竜《きょりゅう》を倒してくれた事は感謝してる…！
けど！
どうせいなくなるのにヒロに変な期待させるのはやめて欲しい!!
…へ———え？
キミ…
ダーリンの何？

あ…
アタシは…
この部隊の
…隊長《リーダー》だよ
ふーん
それだけ？
ぺろん

ひゃあああっ
……
…甘いね
嫌いじゃないよ

ゴオオオ
勝手な行動をされると困るわゼロツー
あのコ達にあなたは刺激が強すぎる…
ダーリンに会いに行っただけだよ
…コドモ達はオトナを護《まも》るために存在するわ
ダーリンも下の都市《まち》に居ればそんな事しなくて済んだんだ
FRANXX《フランクス》の操縦者《パラサイト》としてね

移動要塞都市《プランテーション》上部の操縦者《パラサイト》施設『ミストルティン』には
そのために必要な全ての環境がそろっているの
わかってるよ
特別扱い《イレギュラー》とはいえ
くいっ
ボクもコドモだからね

…オトナの世界は
…息が詰まるな…
…ヒロは？

いてもたっても いられないって
一人乗りの 訓練機で 練習するってさ
ガシャン
ガシャン
そっか…
ゴオオオ。。。

FRANXX《フランクス》に 乗れなければ
僕はいないのと 同じなんだ…!!
ガシャン
ナオミ…
もう僕は ひな鳥じゃない
もう一度… 自分の力で 飛んでみせる…!!
ガシャン…
…ストレリチアを 13都市に 留まらせたとの 報告が入っているな
またあの娘の 気まぐれか…
博士の甘やかしにも 程があるな

しかし…モホロビチッチ級を撃退したデータは興味深い
あの娘と乗ったにもかかわらず老化兆候の現れていない稀有《けう》な事例だ
APE《エイプ》本部
七賢人会議
コード016…
例のコドモですな
うむ…
面白い…今一度試してみようではないか
次はFRANXX《フランクス》同士の実戦にて……!!

CODE:015
Y.Kentarou

第4話
俺が実機で模擬戦……
ですか？
APE本部《パパ達》からの指示なの
内容次第では操縦者《パラサイト》に選出する事も考えています

良かったね
ヒロくん
ああ
チャンスだな！
パパ達から
直接の指示…？
なんでいつも
あいつ
ばっかり…
さっすがエリートの
10番台サマは扱いが
違いますこと〜〜〜
ミク！
びくっ
アタシ達は
皆同じ部隊の
仲間なんだよ
何番台だろうと
関係ない

な…なによう
13部隊《うち》のリーダーだからっていっつも真面目ぶっちゃってさ
…ではヒロのパートナーを誰にするか
ボクがやるよ
ゼロツー!!

い…いいの？ゼロツー
…もちろん
だってボクのダーリンなんだからさ
待ってください!!
しゅぱっ
パートナーはアタシにやらせてください!!
イチゴ!?
彼女《ゼロツー》はアタシ達の部隊所属じゃありません！

それにヒロの適性を見るだけなら
アタシがパートナーでもいいハズです
だったらイチゴである必要もないでしょう？
！
だいたいゴローというパートナーがありながら
ヒロとも乗るだなんて…
……ゴロー
いいよ
俺は別に気にしない
……

…どうする？
イチゴはこの中で最も能力値の高い雌式《ピスティル》であり部隊のリーダーでもある…
ヒロの能力を引き出す事ができるかも知れない
…いいわね？ゼロツー
どのみちあなたのストレリチアの使用許可は本部からは出てないの
なーんだつまんないの
ま…いっか
まだこの前のケガが完全には癒えてないしね

…ダーリンを
よろしくね…
ポン
……
…では
この中で
対戦相手を
買ってでる
者は——
はいっ
どん

スッ
そのパートナーじゃあ
成績優秀なリーダー様にミク達が勝っちゃうかもよ？
かもじゃねぇ!!
勝つんだよっ!!!
FRANXX《フランクス》
アルジェンティア
(ゾロメ・ミク機)

どうぞご勝手に
べつにこれは勝ち負けじゃないから
FRANXX《フランクス》
デルフィニウム
〈イチゴ・ヒロ(臨時)機〉
イチゴ…
大丈夫
ヒロはつながる事だけ意識して

ウイイイーン
…そう…勝ち負けじゃない
あとはアタシがなんとかするから
…わかった
ヒロがFRANXX《フランクス》に乗れる事を
アタシが証明するんだ…!!
ガシャン
ガシャン

FRANXX《フランクス》は
雌式《ピスティル》が機体と同調し
雄式《ステイメン》がそれを操縦する
キュウウウン
そのシステムを起動するために必要なのは――…

パートナー同士の
意識の接続《コネクト》
ふあっ

へっ…変な声
だすなっ
だ…だってやっぱりコレ
慣れないんだもんっ
…っ
イチゴ…
平気か!?
大丈夫…っ
そのまま
来て…!!
……
イチゴの
意識に…
入っていく……!!

捕まえたっ!!
!!

デルフィニウムが起動した!!
やったなヒロ!!
……
くいっくいっ
やった…
動いてる!!
覚えてるぞ…
この感覚だ!!

ヒロ！
このまま行くよ！
ああ!!
ヒロが…
ガチャン
アタシの身体と繋がってる……!!

ズン…
ズン…
ちょっと…動いてんじゃん
ぐぬぬ
ガチャン
上等《ジョートー》だコラァ!!!

にっ
ズ
ズー!

止まった!?
そ…
そんな…
なんで…
……
ちょ…ちょっとタイム!
3分待って!!
はァ!?

キュウウウン…
そ…そんな
なんで…
ガチャ
ウイイイン
ど…
どうしたの？
急に…
くそっ
動け！
動け!!
ガチャ

ア…アタシのせい？
ち…違うと思う…
アイツ…ゼロツーと乗った時と何が違った？
わからない…覚えてないんだ……!!
落ち着いて……！…ゆっくり…
何か思い出すかも知れない
……
…あ
…キス…
かも知れない…

キ…ス？
なにソレ
口と…口を
くっつけたんだ
目の前に光が
パーッ…て…
そしたら
…なにソレ…
あの状況下で
そんなコトしてたんだ
俺がしたんじゃない！
乗りこんだとたん
向こうから
いきなり——

…ゼロツーは
特別なことって言ってた…
……
はぁ…
わかった
ス…
するよ
イチゴ!?
恥ずかしいから目閉じてて

ちょ…
ちょっと待って！
しなきゃ
動かないんでしょ
そのためなら
このくらい…
ドドッ
…イチゴ
お前
震えて――…
ドドッ
…大したこと
ないよ…
ドドッ
ス…
だまって

 ダーリン・イン・ザ・フランキス❶（完）

純情少年
ラブコメ界の金字塔！
ハートのちょっぴりHな
ドタバタラブコメ!!
To LOVEる
ダークネス
1
矢吹健太朗
長谷見沙貴
JUMP COMICS SQ.
全18巻

ジャンプ コミックス
ダーリン・イン・ザ・フランキス
1

2018年2月7日　第1刷発行
2018年2月25日　第2刷発行

著　者　Code:000
©ダーリン・イン・ザ・フランキス製作委員会
矢吹健太朗
©Kentaro Yabuki 2018

編　集　株式会社 ホーム社
〒101-0051
東京都千代田区神田神保町3丁目29番地　共同ビル
電話　東京　03(5211)2651

発行人　北畠輝幸

発行所　株式会社 集英社
〒101-8050
東京都千代田区一ツ橋2丁目5番10号
電話　東京
編集部　03(3230)6133
販売部　03(3230)6393(書店専用)
読者係　03(3230)6076
Printed in Japan

製版所　株式会社 コスモグラフィック

印刷所　株式会社 廣済堂

ISBN978-4-08-881454-4 C9979

■初出／少年ジャンプ+ 2018年6号～8号掲載分収録
■編集協力／現代書院
■カバー、表紙デザイン／石山武彦(Freiheit)